stadt neben fluss
Esslinger Lyrikpreis 2012

D1671495

1. Auflage

© 2012 by den Autorinnen und Autoren
© 2012 für diese Ausgabe:
Civitas Imperii Verlag - Esslingen
Einband: Ben Berg
Illustrationen: Ben Berg

ISBN-13: 978-3-939300-18-2

Besuchen Sie uns im Internet
www.civitas-imperii-verlag.de
Kontakt: info@civ-buch.de

STADT NEBEN FLUSS

Anthologie zum
Esslinger Lyrikpreis 2012

Civitas Imperii Verlag · Esslingen

Der Esslinger Lyrikpreis

Der Civitas Imperii Verlag sieht den Schwerpunkt seiner Arbeit in der Förderung lokaler Autorinnen und Autoren. Nach den ersten Veröffentlichungen Esslinger Autorinnen und Autoren war der nächste Gedanke, die Förderung auf eine breitere Basis zu stellen. Am naheliegendsten war nun einen Lyrikpreis ins Leben zu rufen, der auch unbekannten Autorinnen und Autoren die Möglichkeit eröffnet ihre Werke einer breiten Öffentlichkeit zu präsentieren.

Die Ziele der Kunstakademie Esslingen sind seit mehr als 30 Jahren die Förderung und pädagogische Vermittlung von kultureller Bildung. Das Studienprogramm umfasst ein breites Angebot künstlerischer Weiterbildung in allen Bereichen der Bildenden Kunst auf hohem Niveau. 2010 wurde das Angebot um schriftstellerische Weiterbildung erweitert.
Die gemeinsame Ausschreibung des Preises war daher naheliegend und gemeinsam wurde die Konzeption entwickelt.

2011 sollte der Preis erstmalig vergeben werden. Aufgrund der kurzen Ausschreibungszeit (nur zwei Monate vor Jahresende), gingen jedoch nicht genügend Beiträge zum Wettbewerb ein um eine sinnvolle Vergabe zu gewährleisten.
Die Ausschreibung wurde daher auf den 29. Februar 2012 verlängert. Die erste Preisverleihung für 2011 fand somit 2012 statt.

Die Sieger

Letzter Wunsch

Noch nie habe ich diese Schachtel
im Juli geöffnet.
Lametta,
in Streifen geschnittene Grillfolie.
Glaskugeln, rot,
wie Partytomaten.
Die Strohsterne
gleichen den abgeernteten Ährenfeldern.

Einen Monat hast du noch,
sagen sie.
Höchstens!

Du wirst dein Ziel,
Weihnachten zu erleben,
nicht mehr erreichen.
Deinen Kampf auf halbem Wege verlieren.
Doch von Fieberschüben benebelt,
von Bewusstlosigkeiten zeitlos geworden,
wirst du unsere Lüge nicht bemerken.

So singen wir,
ohne rot zu werden
„Alle Jahre wieder"
zum Flackern der Kerzen,
deren Wachs heruntertropft
wie die Tropfen des Sommerregens
hinter den geschlossenen Gardinen.

Mit Orangen, Anis und Nelken
übertünchen wir
den Duft der Linde vor deinem Fenster.
Dreißig Grad!
Ich solle an die Heizkosten denken,
den Ofen runter schalten.
Du kannst nur noch flüstern.

Jeder Funken,
der in sieben Tagen am Himmel erglühen wird,
wenn ich das Feuerwerk um Mitternacht entzünde,
steht für hundert Tränen,
die ich
nicht mehr lange
verbergen muss.

Beate Treutner
Platz 1

wenn es nacht wird

da sind die endlosen gespräche,
in denen wir
kein geheimnis an uns lassen,
um nicht sprachlos zu werden.

da sind die momente,
in denen ich
dich festhalten möchte,
damit du mich nicht loslässt.

da sind die augenblicke,
in denen ich
mich verlieren möchte,
damit du mich findest.

da sind die abende,
an denen ich
dich nicht gehen lassen möchte,
weil ich kommen könnte

an orten,
wo ich mich
einlassen möchte mit dir,
statt dich zu entlassen ins dunkel.

und doch wünsche
ich dir
wieder
nichts als
eine gute nacht

Birthe Reese
Platz 2

Winterweiher

Bedeckt liegt der See
von samtenem Weiß
das Röhricht voll Schnee
umschlossen von Eis

Ein Entenpaar steigt
der Wind bläst von Nord
alles sonst schweigt
- jetzt sind sie fort.

Stephan Durst
Platz 3

Blake Einstein

Energie-Materie im Zeit-Raum
Die Langsamen und die Schnellen
Perspektiven-Wirrwarr
Das Licht macht einen gravitätischen Bogen
Die kosmische Achse ist das Mädchen Jerusalem
Drei Ratten
Intuition Vorstellungskraft Aufklärung
Verlassen die sinkende Rakete
In die Ewigkeit
Fehlen der Zeit

Carl Cairo Cramer
Platz 4

Dereinst, wenn ich nicht mehr bin

Da war dieser Gedanke,
er bedeutete für mich
die Erklärung der Welt,
doch er blieb in einer Ecke
meiner Wohnung liegen
und überdauerte so die Zeit,
um beim Aufräumen des Zimmers
achtlos weggekehrt zu werden,
dereinst, wenn ich nicht mehr bin.

Albrecht Kuhn
Platz 5

Dazwischen

Zimmerfluchten
mit halb-offenen Türen
die Anordnung der Stühle
im Raum -
und du glaubst
Zwischenräume
seien ohne Gewicht -
welch ein Irrtum!
Leben vollzieht sich
im Dazwischen:
der Atem, der Wind
der Klang der Flöte
der Raum zwischen den Worten
zwischen dir und mir -
die Stille zwischen den Tönen
das Schweigen zwischen den Worten
der Raum zwischen den Zeichen
die Bedeutung ruht im Dazwischen
aus dem Innehalten
bricht die Knospe der Identität.

Ingeborg Bauer
Platz 5

Die Falten der Zeit

Da war noch etwas Sommer
in den Falten der Zeit
und tief im Herbst hörte ich
das Lachen des Frühlings.
Nun atmen mir
die Bilder des Winters
ihre Vergänglichkeit.

Albrecht Kuhn
Platz 7

Heimweh

Ich möchte mit den Wolken ziehn
nach Norden hinter Strand und Deich,
wo Raps und Mohn und Heide blühn,
ins kiebitzschreiende Himmelreich.

Ich denke an die tausend Sonnen,
die gleißend auf den Wellen reiten,
an saure Äpfel, Badewonnen,
an Störche, die durch Wiesen schreiten,

an Märchen, die sich selber spinnen,
an Sand und Käfer in den Haaren,
an Nebel, die sich Angst ersinnen,
an Schwestern, die nie einig waren.

Und immer, wenn das Licht so klar
hell glänzend auf den Blättern liegt,
dann kommt die Sehnsucht - sonderbar.
Ich pack´ die Koffer - denn sie siegt.

Elke Kuhlmann
Platz 8

Allerseelen

Des späten Mondes Walten
wirkt tief wie Zaubermacht
der Gräber Blumen halten
tauschwer die welke Pracht

Der Weide Vollmondschatten
im Kirchhof öd und leer
verhüllt den Tanz der Ratten
- die Nebel fallen schwer

Der Käuzchen Rufe klagen
als riefest du nach mir
was willst du mir noch sagen
zu oft war ich schon hier

Willst du mich zu dir holen?
Bist du dort so allein?
Du hast dich weggestohlen
Wie sollt ich dir verzeihn?

Stephan Durst
Platz 9

Mir sen doch nemme ganz saubr -
Hondrddreizehn Schbülunga!

Anti-Dies und Anti-Das,
Plaschdigg oder edls Glas,
Two-in-one oder One-en-dr-Tub',
fir jedes Hoor, en jedr Schtub.

Mensch, sen mir guad em Probleme schaffa
en dausend-ond-oinr bunta Flascha.
Was solla mr do mol em Hergott saga,
wenn mr onsrn Planeda nondrgschuggd hen vom Großa Waga.

Wia hotts bloß soweid komma kenna,
mir Gescheidla missded doch was Gescheidrs zammabrenga
als tausend-ond-oin Plaschdigkruschd
den da nachher wiedr verbrenna muschd.
Dobei schdengds, isch au id gsond
dia Dämpf', die dann aufschdeigad Richtung Mond.

Leid, so a Marktwirtschaft isch jo nett
aber mir wäred doch Daggl, wenn's id Grenza hett.

Jetzt guckad glei mol en Schbiagl nei
ond frogat eir Kondrfei
ob die paar Hoor auf eierm Schädel
id oifacher eizomordna wäret.
Drei Flascha däded wahrlich roicha -
no kasch ‚normal' sei odr ‚feiner'
oder von dene boide koiner.

An schuppigga Charakter ka's Schammboo id retta -
So Zuig verzehlt dr d'Induschdrie
die di bloß als Geldseggl mag, ond sonschd nie.
Sei id so bleed ond glaub den Schmarra
dass di irgendoiner mee mag wegga deim Schbülongs-Schbarra!

Ob ,Men', ob ,Women' -
künschdlicher Gschtank isch koin Duft!
Ganget lieber zamma naus an d' frische Luft.
Heret auf, eich gegaseidig azomschdenka
ond fangad a eire Gehirnzella gscheid zom lenka.
„Aufbau" - „Reflex" - „Volumen"- „Repair" -
wegga soma Gschwätz wächst koi oinzigs Hoor mehr.

Astrid Eichner
Platz 10

20

Die besten Einsendungen in
alphabetischer Reihenfolge

Alles Rap

Alles fließt
der Installateur genießt

alles nur Worte
imaginäre Orte

alles Kunst
alles umsunst

alles nur geträumt
wieder nichts versäumt

alles wird gut
und ein alter Hut

alles mit Maßen
mümmeln alte Hasen

alles wie immer
macht alles nur schlimmer

alles beim alten
amtlich verwalten

alles oder nichts
ohne alles ist alles alles nichts

alles Unfug
aber nicht immer unklug

alles was recht ist
was für den Künstler eher schlecht ist

alles kein Problem
suggeriert uns das System

alles gaga
oder Dada

alles paletti
alles konfetti

alles okay
alles ebay

alles im Plan
sagt die Bahn

alles ist möglich
und nicht immer löblich

alles ist wichtig
nur die Hälfte ist richtig

alles gut gemeint
gut und böse artistisch vereint

alles in allem:
scharf und mit allem!Heil sein

Horst Wöhrle

als der zug in waiblingen hielt
hörte ich geräusche
sah sie von der seite
wie sie musik in ohren stöpselte

als der zug in waiblingen stand
hörte sie nicht
das schniefen und das schnaufen
fast rhythmisch diese laute
wie stark ihr weinen war

wegen baustellen an der strecke
hielten wir nicht vor ahlen
stoppte auch nicht eher
was aus den augen floss

in das schluchzen mischte sich
der sommerwind durchs fenster
der zug rüttelte
heftig am leben

Dirk Werner

Astern

Astern in der gelben Herbstsonne
Die ich dir pflücke
Fühle mich wohl an deiner Schulter
Sehe in den Himmel mit Raben.

Sie zeichnen ein Lächeln auf dein Gesicht
Meine kleinen Geschenke
Auch wenn es Abend über uns wird
Sind wir dennoch zusammen.

Katja Haller

Auf dem Hinweg
War der Matsch
Noch gefroren

Sebastian Schmid

Auf dem Weg

Durch die Bäume schimmert Licht,
braunes Laub vom Schritt zerbricht,
weil im Frost erstarrt es liegt.

Ein Geglitzer im Geäst,
das den Winter ahnen lässt,
der den Sommer stets besiegt.

Auf der Suche nach der Zeit
voller Wärme, Helligkeit
irr' ich durch ein Labyrinth.

Kälte macht das Atmen schwer.
Ferner Lärm dringt zu mir her.
Ob ich dich noch wiederfind'?

Goldne Stunden hinterm Wald,
Sonne, Blumen, Feengestalt,
Träume blank wie Edelstein.

Heftig schneidet nun der Wind.
Augen, ganz von Tränen blind:
Langsam bricht die Nacht herein.

Gerda Antes

27

Auf Paros oder:
Steine der Liebe

Schwer
ist die Liebe
für mich,
die uns trennend verband.
Aber lass uns ein Haus bauen!

Aus den Bausteinen
unserer Liebe,
die zu oft
verzehrende Lava
und brüchiger Bimsstein war.

Aus purem parischem Marmor,
dem unserer besorgten Zärtlichkeit,
aus stillem Glanz,
der uns mit zitternd wachsender Öffnung
durchstrahlen will,
aus nie erfahrenen Maserungen,
in deren himmlischen Windungen
wir ineinander verfließen.
Ein sicherer Marmor
ohne Poren und Risse.
Und Mauern aus Licht,
ohne Grenzen,
in deren Nischen
die Geborgenheit
ihre Heimat entdeckt.

Ein umarmendes Nest,
eine streichelnde Hülle
unter deren hellwarmer Berührung
Angst als dunkle Grenze des Seins,
als Urfeind des Frei-Seins
zerschmilzt.
Wo die liebesklaren Wasser des Flusses
durch die sich hingebenden Mauern strömen
und den Marmor
auf ewig
vorm Ergrauen befreien.

Bitte!
Sieh in meine schwieligen Hände
und
Nimm einen Stein.
Keinen aus Lava.
Ich fühl's:
der Stein vor Dir
ist schwer.

Susanne Berger

Aussicht

Angst
vor der Zukunft?
Niemals,
dachte ich.
Doch jetzt würde ich am liebsten
diesen Sommer festhalten,
für immer.

Ramona Brüßler

Baum des Lebens

Schatten in der Hitze des Sommers,
Schutz in der Kälte des Winters,
Zuflucht unterm Blätterdach,
ein Zuhause.
Blütenmeer,
sanftes Rauschen im Wind,
Früchte voller Lebenskraft.

Franziska Mall

BAUMRELIQUAR

FREUDE ZU SEHEN
WERDENDES LEBEN
DEIN WACHSEN.

WUNDERSCHÖN JEDER FRÜHLING
DURCH DIE PRACHT
DEINER BLÜTEN.

KÖSTLICH IMMER
WIEDER DEIN SCHATTEN
IN DER HITZE
HOCHSTEHENDER SONNE.

FEUER DEIN LAUB
UND HERRLICH DEINE FRÜCHTE
IM SICH NEIGENDEN JAHR.

SCHUTZ DEIN HOLZ
UND WÄRME IN KALTER ZEIT,
EIN LETZTER REST,
NICHT DER FLAMME
ANHEIMGEGEBEN,
WIRD ERINNERUNG
BLEIBEN AN DEIN LEBEN.

Günter Kretzschmar

Berührung

Zwischen
Himmel und Erde
liegen
deine Hände
im Rausch der Gedanken
auf meinen
geschlossenen Augen
ertasten
Seelen und Welten
berühren sich

Anja Hübel

Borreliose-Sonett, englische Art

Ach! Dem gemeinen Holzbock auf den Lyme gegangen,
Gestochen hatte ihn die Syphilis vom Wald,
lag er bis in die Knochen hart vom Schmerz umfangen:
Das Spirochätenheer nahm ihn in die Gewalt.

Arthritis, Lähmung, Schädelschmerzen, Müdigkeit,
Der Nervenschmerz, der Schwindel und der Haarausfall:
So hießen Stundenschläge seiner Höllenzeit,
So hießen Hammerschläge seiner Folterqual.

Naturbeherrschung ist das Grauen und das Glück.
Sie schreitet fort vom Faustkeil bis zur Megabombe.
Doch die Vernunft bestimmt das menschliche Geschick
Als Medizin auch so, daß er sich freuen konnte:

Sein Herz litt schwer an der Gewalt der Spirochäten
- Bis die Antibiotika sie niedermähten.

Axel Gneiting

dann abends

der Tag kommt
wie aus Nebeln
gesichtslos
bleich
und müde
steht stumm
auf grauem Grund
geht zögernd nur
auf Watte

dann abends
ein Windhauch
ein stilles Atmen

und Zauberlicht
fällt
in den Brunnen
glänzt milde
golden
sinkt
schwebend
in die Tiefe
silbrig
schimmernd
bis zum Grund

samten die Nacht

und morgen

Barbara Grosse-Häfele

Das Blatt

Jetzt bin ich ein Blatt des Herbstes.
Die Zeit hat mich von meinem Baum gelöst.
Ich schwebe zwischen den Welten.
Ein leichter Windhauch
lässt mich liebevoll dem Himmel
zuschweben.
Ich schwebe.
Was für ein glücklicher
Zustand.
Leicht sein,
dem Himmel entgegen.
Ich grüsse die Wolken.
Doch bis zu ihnen schaffe ich es nicht.
Dem kleinen Windhauch
geht der Atem aus…
Nie werde ich zu den Wolken kommen.
Aber ich schwebe.
Leicht, so wunderbar leicht.
Alles an mir ist schwebend.
Was für ein herrlicher Zustand.
Und langsam, ganz langsam
lässt mich mein leichter Windhauch
der anderen Welt entgegen schweben.
Ich drehe mich um mich selbst,
ich tanze den Tanz der Lüfte
und sinke dabei der Erde
entgegen,
die mich liebevoll erwartet.
Sie braucht mich…

Hannelore Shakatre

Das Urteil

Wie der Oberamtsschreiber die Augen verengt
und den Federkiel über das Pergament lenkt,
das Urteil zu schreiben, das am nächsten Tag
vollstreckt werden soll, so hat man ihm gesagt.
Eine Zeile nur soll fehlen auf diesem Blatt,
jene Zeile, die Auskunft gibt über die Art
von Erden zu scheiden - dem Delinquenten steht's frei,
den Tod sich zu wählen, welcher immer es sei.

Im Herzogtum zu Loonborg steht ein Mann,
und gebeugt, voller Scham, hört den Fürsten er an.
Des Verbrechens beschuldigt, das aus Leidenschaft
er beging, als die Klinge mit all seiner Kraft,
mit Wut, Eifersucht und dem Schmerz, der ihm blieb,
in das Herz seines Nebenbuhlers er trieb.
Vor den Toren steht flehend sein Mädchen und klagt:
Nicht ihn, sondern sie, soll man richten bei Tag.

Der Fürst hörte, was die Treulose verlangt,
auch bedachte er, was er dem Manne verdankt:
Des Schuldigen Mühlen, dessen Korn, dessen Schrot
ernährten den Fürsten und gaben ihm Brot.
Gleichwohl musst' er richten, nach jenem Recht,
das beschlossen einst ward, in seinem Lande, und schlecht
stand's nun um den Mann, der sein Leben vor Ort
in des Fürsten Hand legte. Die Anklage: Mord.

„Sterben müsst Ihr, das wisst Ihr. Nicht Bitten und Fleh'n
bewahren Euch davor, den Henker zu sehn.
Deshalb stell' ich Euch frei, wie vor Gottes Gericht

Ihr kommen wollt, Einspruch erhebe ich nicht.
Doch bedenket: Der Galgen trägt Eurer schon zwei,
nur die Guillotine und das Rad wären morgen früh frei.
Das Schwert ist beim Schmied, es zu schärfen tat Not.
Wollt Ihr's dennoch, dann wird es ein fransiger Tod."

„Mein Fürst", sprach der Mann, „wenn ich schon wählen darf:
die Guillotine? - zu französisch! Und das Schwert ist nicht scharf.
Kommt Wind auf, bewegt der Tod am Strick mich sehr.
Und das Rad, verzeiht, quält meinen Rücken noch mehr.
Darum wähle ich - so ist's in meinem Dorf Brauch -
den gewöhnlichsten Tod, und diesen wünsch' ich Euch auch:
Er kommt nach dem Speisen, nach Wein und Gesang
eher sanft und im Alter und dauert nicht lang'."

Des Fürsten Wort galt, und er ließ den Mann zieh'n,
in die Arme seines Mädchens, in sein Dorf und ihm schien,
jener Mann war gemeint, als nach etlichen Jahr'n
er die Kunde eines friedvollen Todes vernahm:
Ein Mann sei verblichen und im Testament,
das er schrieb, wär' der Name des Fürsten erwähnt.
Er bekäme, so steht es geschrieben, als Dank
ein Stück Brot, etwas Wein und den Wunsch: ‚Lebe lang'!
Als der Oberamtsschreiber die Augen verengt
und weicher als sonst seinen Federkiel lenkt,
notiert er kein Urteil, nein, er schreibt auf's Papier:
‚Ruh' in Frieden! Der Fürst und ich wünschen es Dir!'

Kai S. Guenzel

der schlag

er traf ihn im bett
friedlich schlummernd
plötzlich
ein schlag
aus, vorbei
sein gehirn
getroffen, entzwei
sein gehäuse
leer, nicht leblos
man versucht
ihn zu retten
wozu?

Helga Schulz-Blank

(... Dich beobachtend)

Stolz trägst du sie beide. Du trägst zwei Gesichter.
Die Sonne sieht das eine, das andre Dämmerlichter.

Die Augen-blau und kalt, sie sehen in die Ferne.
Wohin? Was siehst du dort? Vielleicht wüsst ich das gerne.

Mit Worten schießt um dich, sie werden mich nur streifen.
Ich streck die nackte Hand aus, voll Angst nach dir zu greifen.

Tiefe dunkle Schatten verzieren dein Gesicht,
Sie liegen dort und ruhen, dein Licht beirrt das nicht.

Geschliffne, glatte Kanten. Die harten, schönen Züge.
Mein Blick fließt dran herab, ich fang ihn auf und lüge.

Ich lüge wenn ich sage- ich würde jetzt nicht leiden
Ich leide, weil ich wünsche, mir Finger aufzuschneiden,

die Haut mir aufzuritzen an deinen scharfen Kanten…
…ich schaue an die Decke
                    und zähle Elefanten.

Xenia Steinbach

Die eigene Welt

Jeder hat seine eigene Geschichte
seine eigene Wahrheit
seinen eigenen Schmerz
seine eigene Vorstellung von Liebe
und lebt in seiner eigenen Welt.

Elke Koch

Die Zierkirsche

Weiche, dicke Teppiche aus rosa Gold,
großzügig dahin geworfen,
strahlen,
fangen Blicke.
Überfluss, Verschwendung.
Egal, dass Menschen darauf treten,
egal, im Müll zu enden.
Kein Sparen, Haushalten.

Rosaroter Überfluss,
in dem meine Blicke ertrinken,
überlaufen,
und meine Seele auffüllen
mit so viel sorgloser Verschwendung von Schönheit.
Nicht wissend um die Endlichkeit dieses Tages

Brigitte Binder

Du

Du bist ein Buch, darin ich blättern darf und lesen
die blanken Seiten füllen sich mit Worten,
mit bunten Bildern, unbekannten Wesen
mit leisen Tönen, lauten Schreien, fernen Orten.

Wie eine Blinde, tappte ich im Dunkeln
in leeren Räumen, tastend, in Gewißheit
dich nie zu finden, deiner Augen Funkeln
nie zu erblicken- nun kann ich sie sehen.

Mit Regenschirm und Lupe ausgerüstet
begeb ich mich auf eine neue Reise.
In meinen Bäumen - Wind der etwas flüstert
ich nehm ihn mit, mein Wald bleibt still und leise.

Ich tauche ein ins klare Wasser deiner Seen
mein Nebel legt sich stumm auf deine Wiesen
in deinen grünen Mooren fällt mir leicht das Gehen
ich lausche gerne deines Regens leisem Rieseln.

Von einem Berg schau ich voll Neugier in die Ferne
ich weiß nicht, was jetzt kommt, was schon gewesen,
ich bin ein Kind, ich sehe, staune, lerne.

Du bist ein Buch, darin ich blättern darf und lesen.

Xenia Steinbah

ES - erlebt am Bahnsteig

Noch halte ich den Ort hier fest,
knapp zehn Minuten bleiben mir.
Wird schmerzhaft sein, dass du`s verlässt?
Weiß der Himmel, was ich verlier.

    Denn: Über Gleise hinweg verkünden
    Staubwolken Vermischtes.
    Bagger heben Altes aus, Kräne versprechen
    hochtrabend Neues. Leitern recken sich
    durch das schwebende Grau.
    Auf der Fläche aus Teer verglimmt,
    was gewesen sein soll und
    im Skelett eines prämierten Scraffitis
    spiegelt sich, was sich Zukunft nennt.
    Elstern auf der Hochspannungsleitung,
    Grenzgänger zwischen Abbruch und Aufbruch,
    hacken ihre Schreie ins Nebulöse.

Wer jetzt wartet, wartet nicht mehr lange,
ich bin eine, die hier steht und träumt.
Dann braucht`s Minuten, bis ich mich wieder fange:
Ich habe meinen Anschluss versäumt.

Linda Wortmann

Esslingen

Stadt
im Fluss
der Zeit

Treibgut
aus Leiden
Schaft
der Geschichte

bahnt
den Weg in die Zukunft

Cornelia Grisebach

Freiheit

Weite Sicht,
ohne Grenzen frei,
hoch oben an der Klippe.
Wind im Haar und im Gesicht,
Adler rufen.
Rote Erde, gleißende Sonne,
der blaue Himmel zum Greifen nah.
Die Freiheit nur einen Sprung entfernt,
in die Höhe, in die Weite, den Himmel berühren!
Atme tief ein und schmecke den Wind.

Franziska Mall

Freudentränen

Atmende Nähe
Klopfende Herzen
Bank am Abriss
Filstal zu Füßen

Vier Augen geradewegs
Spiegeln gespreizte Sonnenfächer
Die Götter sind unterwegs

Und
Da haben sie noch geweint
Und
Da haben sie noch geweint.

Carl Cairo Cramer

Gretchens Entwicklung

Keine Esslinger Wolle - und *kein* Spinnrad

Meine Ent-wicklung - wie eine emsig gefällige
Abwicklung von Knäueln
von „*Esslinger Wolle*'?

Nein - bestimmt nicht! Kein solch
harmonisch akkurates Gebilde!

Kein flauschiges Luftschloss - das
nach und nach immer weniger wird und
sich schließlich in Nichts auflöst weil
vom anderen Ende des Fadens aus fleißig
Masche für Masche das Lebenstrikot
gestrickt wurde… sich anpasste und
fast an den Leib wuchs!

Meine Entwicklung?!
Nein - kein gut gewickelter Lebensfaden!
Für mich: keine Fabrik … keine Villa
kein Park dazu!

Doch nah an der *Merkelstraße* am Fluss
residierend im stilvollen Haus
mit der Brücke erhob sich mir
mehr und mehr von selbst
die Verantwortung und *letzte* Möglichkeit
mein persönliches Wollgestrüpp

rest-lich zu ent-wickeln
abzuwickeln und zu entwirren …
mein verworrenes Riesenknäuel
gewirkt aus un-gehörigen Fäden!

Wenn Merkel rote Wolle färbte,
hieß es - war der Neckar blutrot …

Doch ich will nicht ablenken.

Es geht bei mir nicht nur um die letzte
Aufhebung von Verwirrung … es findet
die Abwicklung von Lebensfaden statt.

Diese meine Lebensschnur: eine lange
fast endlose Kette - kultiviert und kaputt
mal Poetisches mal Zerfranstes
Stückelwerk und doch … weil
aneinandergeknotet … ein Zusammenhang!

Glänzende bunte Seidenbänder
einst flatterhaft an ruppige strohige
Rosshaarstrippen geknüpft …
eine Strecke Wahnsinnswolle
wechselt mit weichem Mohairfaden …
Gummiband folgt - endlos zu dehnen
(verlängerte Lieben verlängertes Leid) …

Leinenfaden - unnachgiebig
gedrechselt wollweiß natürlich und
erschreckend klar … bindet sich an

farbiges Topflappenhäkelgarn
aus dem Nähkästchen der Hausfrau …
dünne magere Flusen - zu kümmerlich um
wahr zu sein - winden sich um
Nähmaschinennylongarn … weg von der Rolle …

Auch Haltetaue existieren - vor dem
Ertrinken rettend - viel zu dick im Nachhinein
(trotz Körperschwere und Seelengewicht)
sie hängen sich an kilometerlanges
rau-glattes Samtband - das in elektrisierendes
3-Phasen-Kabel übergeht - welches
gleich blanker Nerven-Enden
aufgesplittete Kupferdrähte zeigt …

Teile dünner verbogener Drähte - Koordinaten
der Landkarte des Traumalandes - das sich
nur einmal gründlich zu bereisen lohnt
haken sich um kurdische (nicht chaotische)
Kordeln fantasievoll grell gedreht
vom Krämermarkt in Berlin … als letztes Glied
in der Reihe … exotisch und stabil …

Doch ich will nicht verwirren!

Es geht nicht nur um
die Aufhebung von Verworrenheit *und*
die Abwicklung von Lebensfaden
es geht um
die Ent-wicklung meines ererbten
„Mach-was-draus"… des vom Umfeld geprägten

„Sei-so!"… und es geht vor allem um
den luftigen leeren und doch erfüllten
Frei-Raum in der Mitte des Knäuels …
um das unsichtbare kostbare Selbst!

Gott-Mann-Frau-Teufel-Engel-Kind-Kraft - Odem …
du Mikro-Makro-Kosmischer … der ich
dich mal so nenne … wie hast
Du allmächtige Weisheit mich gemeint?

Bin ich so *richtig* wie ich mich spüre - oder
so wie Du mich siehst?!
Diese nie vergessene Frage habe ich
fiktiv im längst verbrannten
Tagebuch („for beginners")
an den damaligen ersten
wichtigen Liebes-Freund
gestellt!

Doch er *war* nicht Gott und *da*
schon längst verschwunden
er hörte diesen geschriebenen Aufschrei
nicht … er war nur blutjung
schön blauäugig ungeschickt und
sehr bayrisch!
Gott begegnet uns in vielerlei Gestalten.

Nun ist *Er* in mich hineingehüpft
ich wusste gar nicht … dass Gott
Seilhüpfen kann oder
Gummi-Twist beherrscht!

Doch ich weiß nun ... dass er ein halbes
Jahrhundert später kam ... als erwartet!

Ich erwarte Dich!
Erwarte Mich!

Ich werde nie aufhören zu suchen
nach Fantasie und Freiheit ... Lust
Wunder Gnade Segen und Mut!
Nach Ozeanen Gebirgszacken ...
Bergsteigen Tiefseetauchen
(Dies aber nur mit dem Sauerstoff-
Vorrat aus der Flasche!)...

Nach den bestechend klaren
türkisfarbenen Gletscherseen
der Schweiz ... den stillen welligen Hügeln
Süddeutschlands und dem
dunklen tiefgrünen Tannenschutz
des Schwarzwaldes als Basis
vertrauter Verwurzelung.

Du Faden meines Lebens
noch hänge ich nicht an deinem
seid´nen Bisschen - das mir doch
bitte-bitte noch lange
nicht blüht!

Mein Gott - wie hast Du mich gequält ...

JA - Du hast mich geprüft

versorgt und ausgestattet!
Die Perle ist aus der Auster!
Das wirre Knäuel hat sich ent-wickelt.

Resilienz ein neues modernes
Wort aus den 90-er Jahren … das oft
aus den Mündern derer kommt … die
weder in damaligen noch in inneren KZs
das Ausharren übten!

Resilienz - Nr.2.3 -
„Ein Rucksack voller Kraft und Lebensenergie"
ein Spaß (?) in Stuttgart, von dem ich mir als
gebuchte Fortbildung die Erklärung versprach …

Ich verspreche Dir:
Ich verschenke den sortierten
Inhalt meines Rucksacks - einstiger Ballast
der Rucksack - der jetzt schlaff
und leer in der Ecke hängt … der hintersten
meines Hauses.

Sein Innerstes nun nützlich
aufbereitet - packenweise Sinn …
Kistchen mit Durchhaltevermögen eingelagert …
in Stapel geschichtet: Mengen an Reflexion
Tragetüten gefüllt
bis zum Rand mit Geduld … kleine Dosen
voller Demut … Körbe voll mit Dankbarkeit …
Netze: berstend von gefischter
Flexibilität und mächtige Ballen
aus Freude.

Ich gebe und ver-gebe
und vergebe mir nichts.
Ich tu´s - bis zum letzten
bisschen Faden!

Atme tief und nehme
meinen Mund voll:
Meine Freiheit wird
die Freiheit anderer sein!

Und jetzt *Du*:
Gib mir mein Feld - damit ich
diese Pflanzen darauf hege
wie mich selbst und neue
anbaue aus dem Samen … der sich
aus mir selbst heraus gezüchtet hat!

Vergiss mich nicht „wickelnde Weisheit"!
Willst Du? Willst Du
mich?
Willst Du mich - als Gewinn?

Dann teile mir meinen Acker zu … zeig´
mir meinen Thron - und gib
mir die Kasse!

Sabine Becker-Bauer

Hand in Hand

An die Rinde des Baumes lehn ich mein Wesen
Aus seinen Armen fällt Laub darauf
Ich schließe den Bund fürs Leben mit uraltem Holz
Wachse dem Herbst entgegen

Raue Schale
Weißes Fleisch
Mein Leib

Hand in Hand streif ich mit ihm durch Tag und Nacht
Den Strom der mich im Lauf der Sterne lenkt
Und irgendwann der Wald Anfang und Ende zeigt
Als weiches Kissen dort in meiner Seele weiter lebt

Angelika Hentschel

Herzöffnung

Mein Herz
ist ein Nest geworden,
geflochten von
deinen sanften Händen.
Friedlich träume ich mich
in die Nacht,
in der wir uns finden,
erwache sehnsuchtsvoll
in den Tag,
ohne Tränen.
Das Glück hat Flügel
wie die Vögel,
will frei sein.
Offen bleibt mein Herz
für seine Heimkehr,
für dich, mein Glück.

Jutta-Verena Jacobi

Hin und wieder
Legst du dich in meinen Gedanken nieder.
Sehe dich vor mir,
strahlend und voll und ganz in dir.
Es ist schön dich so zu sehen
und ich kann mit meinen Gedanken
weiter gehen.

Elke Radtke

Hummel im Regen

Kämpfst,
kämpfst mit den Tropfen,
mit dem Frühlingsregen,
kämpfst gegen die Nässe,
kämpfst gegen die Kälte,
schwer vom Regen die Flügel,
kaum noch beweglich

Warst nicht schnell genug
nach Hause zu kommen.
Bist zu spät, viel zu spät,
der Regen hört nicht mehr auf,
nicht mehr bis zur Nacht
und die kommt jetzt bald
mit dem letzten Frost,
kommt auch zu dir,
und du bist nicht zu Haus,
sondern im Regen
der gefriert, bald gefriert

Ich hol' sie herein
auf einem Stückchen Papier.

Zu spät heim zu kommen,
aber Sterben in Wärme.

Brigitte Binder

In der Mitte der Stille

Es ist die Stille, die verbindet.
Und Bedrohlichkeit verschwindet.
Es ist die Stille,
die jetzt heilt.

Kornelia Schehle

Kahlschlag

Reden wir
über die Bäume
die stolzen Riesen
im Herzen der Stadt
verwurzelt in der Erde
wachsen sie himmelwärts
seit so vielen Jahren
breiten sie ihr Dach
über Menschen und Tiere
schenken Schatten
in all den Tagen
der Stadt frische Luft
wunderbare Geschöpfe sind sie
in der Seele des Menschen
als Bilder zu Haus
in Helmen mit Schlagstöcken
brechen sie nachts in den Park
die Bäume haben doch eine Seele
schreit eine Frau
begreift ihr das nicht
aber sie begreifen es nicht
nicht hier nicht anderswo
reden wir darüber
dass es ein Frevel ist
der Wunden schlägt
ohnmächtig sind wir
in den Tagen des Kahlschlags
viele von uns verstecken sich
aus Trauer und Wut
aus Scham
reden wir
später.

Barbara Grosse-Häfele

Kurze Geschichte vor allem der katholischen Kirche in einem englischen Sonett mit Zahlen

Geraubt hat diese Kirch'? viele Klunker,
Im Namen der 3einigkeit die Hexen 4geteilt,
Im 30jährgen Krieg Verwüstung, Tod und Hunger
In der ent2ten Welt mit harter Hand verteilt.

Be8et hat die Kirche immer nur die Herren,
Die Knechte hat die Kirche immer nur be10t.
6 mit dem kleinen Bub', den Pop' die Lüst' verzehrten:
Der XVIt Benedikt, der Papst, er hat's beschönt.

Ich sitze am Kla4 und singe dieses Lied,
Die Tränen kommen mir, ich sag' zu all dem: 9.
Mit 7-Meilen-Stiefeln dieser Welt entflieht
Der Dichter dieser Zeilen, traurig und allein.

Der Kirch' unr1 Gebaren - allerhand und -fuß!
Das ist so widerlich, Gott sag' ich nicht zum Gruß.

Axel Gneiting

Lebenswert

ich verspreche Dir
dass ich Dich achten will
Spinne
kleines Geschöpf unterm Himmel

ein wenig fürcht´ ich mich
vor Deinem Antlitz jetzt
Spinne
wahrlich hässlich, denke ich

doch

nehme Dich auf
setze Dich ab
fürchte mich
und lass Dich frei
Spinne
schönes Geschöpf unterm Himmel

Madeleine Cabrera Cano

Liebe leben lernen

Leben leben,
Lernen lernen,
Liebe lernen,

Leben lieben,
Lernen lieben,
Liebe leben.

Leben lassen,
Liebe geben,
Leben lernen.

Burkhard Schrader

Na so was ...

Ich ging am Waldesrand,
da saß in aller Stille
ein Has' mit dicker Brille.
„Was guckst du so",
so sprach der Has',
„ich seh sehr schlecht,
brauch dickes Glas".
„Entschuldigung,
sprach ich zum Has',
es ist nicht nur der Brille Glas,
nun auch noch dieses Sprechen,
wie geht denn das"?
Da sprach erneut der Has' zu mir,
„ich merk das schon seit letztem Jahr,
nichts ist mehr so, wie's einmal war.

Lothar Bohring

NachtRuhe

kann nicht schlafen
bin endlos müd
bin unterwegs
auf nächtlichem Ritt
kreise, umkreisle
die Stunden den Tag
nichts ist vorbei
es denkt wie es mag
strauchle in jeden
Fallstrick der Nacht
pack die Last
werfe sie ab
schieb sie in letzte Lücke rein
gleich heißt es aufstehn
ich
ich schlafe
ich schlafe ein ...

Marie Kruse

Nebelwale

Quer durch die Kneipe der Herbstgeister
Die nichts vom Nichtraucherschutz ahnen
Pflügt ihr eure Bahnen
Die Arme tasten, rudern.

Leckt Tropfenplankton mit den Haaren
Bitterwasser netzt den Mund
Aus einem steten Rinnsal zu den Lippen.

Watte dehnt die Lungen
Ihr möchtet rufen, klagen
Und auf Antwort hoffen, aus der Tiefe.

Jürgen Trautner

Porto Clementino

Tag verliert
Atmet aus
Bei den Steinen
Die Zittern
Vor Kühlung
Des Salzwassers
Bedrohlicher Bläue

Nacht spannt Bogen
Rillt Wasser
Wie Muscheln
Weil innen
Die Tiefen
Beschatteter Liebe

Peter Wieland

Reiz der Natur

Tag verliert
Die Natur hat ihren Reiz.
Du atmest braune Erde,
den Dampf der Bauernpferde -
von Klöckner-Humboldt-Deutz.

Willst ihrem Busen nah'n?
Ein Gott gibt dir die Flügel,
hinauf auf jenen Hügel!-
und unten? Autobahn.

Gönn' der Seel' hier Rast;
Lass dein Lied verstummen
und lausch' dem leisen Summen -
vom Telegrafenmast!

Schreit' zum Dorf hinan!
Das Herz möcht' dir zerspringen
bei all den schönen Dingen -
vom Josef Neckermann.

Am Waldrand lieg' fein still!
Hier kannst du dich noch aalen
in der Pilze Strahlen -
von Chernobyl.

Günter Bargenda

Rosen

Es stehen Rosen da
es stehen Rosen am Weg
es stehen Rosen an unserem Weg
Rosen durchstrahlt vom hellen weißen Licht
Rosen denen das Rot entwich
helle Rosen
weiße Rosen
durchsichtige Rosen
reine Rosen
sichtbar unsichtbare Rosen

O ihr weisen weißen Rosen

Ingeborg Anna Mentor

Ne're-Ida durchreitet die Wüste … + atmet - ein Vogel!
Frei durch die Wüste, die Gnade erfuhr -
Sie kennt die Farben und Formen und Wellen
der ruppigen wüsten al-Chali-Natur.

Ne're-Ida lebt und atmet ein wenig … + hat keine Flügel -
Die Wüste allein, ihr Tier und sie -
Sie sieht einen Menschen und zieht ihre Zügel:
der *neue Mann* von Rub al-Chali.

Er ist erfahren, wie sein Haar trägt *er* Weis-heit,
Rüstung und Rüstzeug mit Würde und Stolz.
Er ist voll Klugheit, Wissen und Feinsinn,
er weiß, was er will, sein Schild ist aus Holz.

Ein Landvermesser der *alten Schule* - geläutert durch Kult und Kultur
von Sucht.
Doch sein Leben war schwer - und hier zwingt Natur!
Verweilen im Nichts …? - er flieht vor der Flucht.

Ne're-Ida durchmisst die Wüste … + atmet - ein Vogel!
… stößt Wust aus mit jedem Atemzug,
auch *sie* hat ein Ziel - eine neue Oase,
aus dem rein´ Gebaren wird sie nicht klug!

Der *Landvermesser der alten Schule* verliert
kein Verweilen für Schatten und Licht,
er erfragt die Oase: er fordert die Quelle, er dürstet … er friert!
Alles er-trägt er: Rüstung und Rüstzeug - doch ertragen kann er
keinen Verzicht.

Ne're-Ida findet Gedichte der Farben der Erde,
der Wüste, der Sonne, der Hitze, der Luft …
sie weist auf die Weite, sie schenkt ihm ihr Messer:
„Stich dir ins Fleisch, lass Licht in die Gruft".

Er beharrt darauf, nicht von ihr zu scheiden,
ins eig'ne Blut will er nicht schneiden.
Er rückt ihr nahe - hält am Zeug sie fest.

Da entreißt sie das Messer in heiliger Wut,
trennt ab das Zaumzeug mit wilder Glut -
und stößt ihn von sich, wirft hin ihm den Rest.

Sabine Becker-Bauer

Schattenkind

Sekundenblitze
Ich glaub, du hast mich nie geseh'n,
das kann ich irgendwie versteh'n.
Auffällig, nein, das bin ich nicht,
verstecke mich nur vor dem Licht.
Denkst du auch, ich sei allein?
Tja, so kann es nur nicht seni!
Wir sind viele, wir sind hier
und du da, ich beweise dir,
dass wir 'ne große Gruppe sind.
Ich bin eins... ein Schattenkind.

In meinem Rücken ist der Wind,
weißt du denn, wer wir sind?
Ich bin ein Schattenkind,
renne durch die Nacht geschwind,
in meinem Haar spür' ich den Wind.
Ich bin ein Schattenkind.

Im Herz der Nacht sind wir zuhaus',
machen schon früh die Kerzen aus.
Niemand von uns sucht das Licht
und wir brauchen es auch nicht.
In der Nacht ist's kein Problem,
weil wir uns gegenseitig seh'n.
Am Tag, da sind wir zwar allein,
doch so muss es ja auch sein.
Ihr braucht uns echt nicht zu bemerken -
WIR können uns des Nachts ja stärken.

In unser'n Rücken ist der Wind,
wisst ihr denn, wer wir sind?
Jeder nur ein Schattenkind,
rennen durch die Nacht geschwind,
in unser'm Haar spür'n wir den Wind.
Jeder nur ein Schattenkind.

Tina Lindner

Seelenvoll

Gemeinsame Jahre gelebt.
Ein letzter Hauch in die Ewigkeit
trägt Trauer in Herz und Gehäuse.

Schmerzen verändern.
Einsamkeit kriecht in den Tag.
Die Kräfte verweigern die Tat.
Gegenwärtiges schrumpft zu Tisch und Bett.

Gebliebene Kleinode schmeicheln,
wenn das Vergangene verblasst
und Gespinste den Geist vergrauen.

In dir, Seele, ist alles geborgen.

Ruth Anna Ballhaus

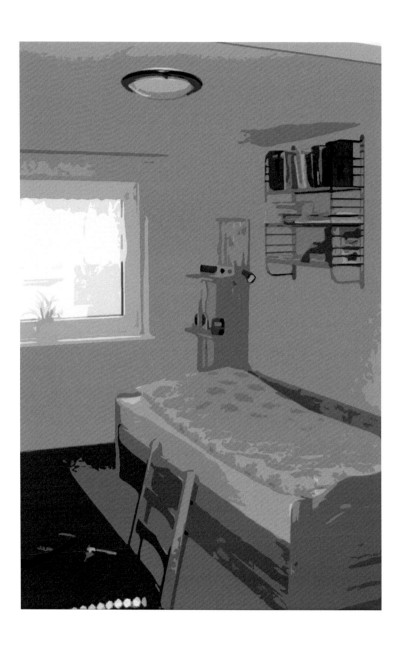

Senza di te oder:
Herbst in Hannover

Auf dem Maschsee
Wasserglanz in Bleigrau
Besinnungs-Minute
zwischen
Unrast
und
Unruh

Der Versuch
dem Innen
einfach
nachzugeben
es fallen zu lassen:

Wie das gemächliche Blatt vor mir
in Leichtigkeit taumelnd
zu Boden sinkt

Wie der behäbig wogende
Tretboot-Faden
sich ganz von selbst
übers Wasser spannt

Ein warmer Hauch
inspirierter Wohligkeit
im Sonnen-Rest
des Sommers

Vorwärtsgleiten
Wie die Kanuten
beharrlich
flüssig
ruhig
kraftvoll
und spürbar in Klarheit

Möcht ich
wenn die Eiszeit kommt

Susanne Berger

Silvia

Sie war das Kind verkomm'ner Eltern
Die Mutter hurte, Vater soff.
Der Bruder kriegte seine Prügel.
Sie hatte mit dem Alten Zoff.

Sie musste putzen,spülen, bügeln,
zum Spielen blieb ihr kaum noch Zeit.
Und ihre Wünsche musst' sie zügeln
nach einer Puppe, einem Kleid.

Das Kindergeld das legt der Alte
in Kästen Bier und Schnäpsen an.
Die Alte angelt einen Freier
und schleppt ihn halb besoffen an.

Sie hört die beiden stöhnen, rammeln
im Ehebett gleich nebenan.
Mit abgetragenen Klamotten
kommt morgens sie zur Schule dann.

Sie malt sich selbst im bunten Röckchen
und an den Füßen Rollerschuh,
mit breitem Mund und weiten Armen,
und eine Sonne lacht dazu.

Sie möchte auch gern tanzen, spielen
wie Kinder frei von kalter Pflicht.
Sie möchte auch gern hübsch sein,
lachen, doch ohne Wärme geht es nicht.

Sie sehnt sich fort in Windeseile
zu einer Sonne, die nicht sticht.
Hilft ihr ein Rollschuh fortzukommen?
Schön wär`s ja. Doch sie hat ihn nicht.

Willi Hoffmann

Sonate I (Klaviermusik)

Jemand klaviert im Abendlicht
dort, wo den Tag die Schwärze bricht
und hält mich fest.

Seit Urzeiten klaviert er schon,
und trifft auch immer jeden Ton,
der mich berührt.

Musikt er auch mit beider Hand,
hat er doch zwei zu mir gewandt.
Ein Fesselspiel.

Im Angehör der Patronage,
der manuellen Kunstcourage,
zerfließt mein Leib.

Ein Lauschpläsier wird evoziert,
Genuss, der lautlos kollidiert,
den Stern zerstört.

Und fällt das Nachtlicht dann herein,
klopft streichelnd letzte Noten ein,
da capo, Jean.

Natascha Solito

Sprach-los

als des Meeres Antwort auf
„Seinsfragen"
- schwappte heran -
als das Fliessen der Zeit
zu schnell -
als der Abend sich am Morgen
verging /

Eingefroren
die Worte im Mund:
um Zähne gewundene Buchstaben //

Iris Caren von Württemberg

stadt neben fluss

außer form außer halb der stadt
scharfer seitenscheitel am leben just vorbei
ohne feminine biegung. nattert magert matt
statt märchen mächtig. nachmittags halb drei
ist stets die uhrzeit die der fluss hier hat
graugrün… ging gestern uns entzwei.

daneben rush von reifen rausch
bundesstraße zehn tausend sowie eins
automobile. gischt ist rascher plätzetausch:
wie flussgeräusch. vom flusse selbst indessen keins
zu hören wie ich nach nässe lausch
fluss sucht stadt. sagt im erinnen er noch seins?

Dirk Werner

Tokkata der Nacht

Tanzende Täkse auf
                      Tropfen der Trance
ratterndem Teakholz
                      ruhende Taillen
treiben den Takt
                      aus der Ekstase
im Tohuwabohu
                      trinken Tequilla
im Tandem der Tänzer
                      träumen am Tresen
vom Tanz des Vulkan
                      auf dem Tableau
im Dunkel der Nacht
                      im Tadsch Mahal

    der Tempel erwacht.

Ben Berg

Ungelesen

Ein Buch bin ich,
vom Leben geschrieben,
fast vollendet nach vielen Kapiteln,
zerstoßen, verstaubt, zerknautscht.

Ledergegerbter, schiefer Rücken
lehn' ich im Regal,
aufrecht noch.

Hast mich in den Händen gehalten,
meinen Einband gefühlt, viele Male.
Mich zu öffnen, mich zu lesen,
kam Dir nicht in den Sinn.

Verstrichene Zeit, vertane Möglichkeiten.

Jetzt huscht ein Sonnenstrahl durchs Fenster,
er verweilt einen Augenblick auf meinem Titel
„Das versteckte Ich".

Gerda Franziska Wittmann

Universum

Ein Buch bin ich,
vom Leben geschrieben,
fast vollendet nach vielen Kapiteln,
zerstoßen, verstaubt, zerknautscht.

Ledergegerbter, schiefer Rücken
lehn' ich im Regal,
aufrecht noch.

Hast mich in den Händen gehalten,
meinen Einband gefühlt, viele Male.
Mich zu öffnen, mich zu lesen,
kam Dir nicht in den Sinn.

Verstrichene Zeit, vertane Möglichkeiten.

Jetzt huscht ein Sonnenstrahl durchs Fenster,
er verweilt einen Augenblick auf meinem Titel
„Das versteckte Ich".

Karl-Josef Durwen

Unter eines Baches Brücke

Unter eines Baches Brücke
fliegt beschwingt die kleine Mücke,
trifft im Flug auf die Libelle:
„Ei, was machst du an der Stelle?"

- „Ach, ich schau nur auf die Schnelle,
wo ich laichen könnte, gelle.
Und was tust du denn hier drunt´,
willst gar in des Frosches Schlund?"

Darauf antwortet die Mücke:
„Ich bin erst seit gestern flügge,
komm' grad von dem feinen Aas,
wo ich - sieh da drüben - fraß.

Will gleich wieder zu den Kühen
auf die Wiese mich bemühen,
will doch nicht im Bache baden,
lieber laben an den Fladen."

Und sie schäkerten vor Wonne,
freuten sich an Wärm' und Sonne,
ahnten nichts von den Gefahren,
die da auf der Lauer waren.

Weiter oben an dem Lauf
kurbelt wer das Wehr hinauf.
Durch des Baches schmale Trasse
schießt heran die Wassermasse.

Und die Mücke samt Libelle
gehen unter in der Welle,
dienen gleich als Futterquelle
einer jungen Bachforelle.

Hans-Jürgen Gaiser

Bis hier hab ich mich
in Stücke geliebt
über sieben bucklige Brücken hin.
Zuletzt versandet.
Versiebt!

Unterbrücks
torkeln todlose Lieder.
Mahnmüde Pfeiler bröckeln stumm.

Algig
schleimt sich Zeit um
kurze Glücke im Keim

Karin Blon

Verblasst

Schlug er? -
Mein Großvater,
meinen Vater?
Mein Vater,
- cholerisch -
prügelte mich!

Ich sehe meine Tochter,
- wundervoll -
und Beelzebubs Kreis
verblich.

Uwe Grunwald

Vollmond

Vollmond
schwebst über dem Grund
vollkommen
rund

Siehst die Empfindlichen
und die Empfindsamen

Die Empfindlichen lieben
dein volles Gesicht
NICHT

Es lieben die Empfindsamen
bereits
deinen NAMEN

Ingeborg Anna Mentor

Wahre Helden

Du hältst
allfarbig-gewaltige AngstVögel
in Deinen warmen Händen
Den Schmerz
der geflogen kam über ein Meer aus ungelebten Tagen

Und Du sehnst Dich nach einem Helden

Machallesgut, bitte
Schreist Du über Dein Meer
Und wartest
Machallesweg, bitte

Hey. Du. Siehst Du' s nicht?

Die Grenzen werden jeden Tag neu gesetzt
Wunden gerissen, Wunden geheilt
Liebe genommen und gemacht

Die Angst wird immer wieder ihr Gefieder aufspannen
und Du wirst ihr
entgegnen:
Wahre Helden suchen
in dunkler Nacht
das Sternenlicht
Und sie gehn ihren Weg
aufrecht
mit offenen Herzen

Katja Hummel

Wälder

Der Wald meiner Kindheit
ist ein sandiger Kiefernwald der Ebene,
überschaubar und doch endlos weit.
Platz zum Verstecken hinter jedem Stamm.
Zahllose Dinge zu tun,
mit Zapfen, Nadeln und Rinde.
Jedes Stück grob gefegter Boden
ist eine Arena,
jeder Haufen aus Ästen
birgt ein Geheimnis.
Nur nachts kommt die Angst.

Der Wald meiner Jugend
ist ein Urwald der Küste,
regnerisch und heiß.
Von wenigen Pfaden durchzogen,
zu ausgetreten, um ihnen folgen zu wollen.
Interessantes lauert abseits, auch die Gefahren,
vor denen der Wald nur so birst.
Kein Plan, kein GPS,
auch eine Uhr ist hier nur Ballast.

Jürgen Trautner

Wort

Würgend
Verschluckt

Nicht kraftvoll
Gesprochen

Nur mühsam
Erbrochen:

Mein Wort

Peter Wieland

Worte

Worte sind Orte
die bisweilen
enteilen
sind Heimat
sind Phantasie
zwinge Reales
in die Knie
Worte fehlen
stehlen sich davon
sind Hohn
helfen
suchen
rosten
verfluchen
geben der Welt Gewicht
ohne sie
geb´s mich nicht

Marie Kruse

Wundmale

Die Narben des Körpers
sprechen von deinem Leben,
sind seine Zeugen
wie die blauen Flecken
deiner Seele
Schatten werfen
auf deine Lichtzeiten.
Wunden und Wunder
haben dich begleitet,
wundere dich nicht.
Du bist gezeichnet,
lächle dir zu--
es sind Auszeichnungen.

Jutta-Verena Jacobi

Zuversicht

Wenn du deiner Sehnsucht gefolgt bist, aber zurückgewiesen wurdest -
dann brauchst du sie.
Wenn du deine Chance genutzt hast, aber die Umstände gegen dich ware
dann brauchst du sie.
Wenn du das Risiko eingegangen bist, aber gescheitert bist -
dann brauchst du sie.
Wenn deine Freunde dich im Stich gelassen haben -
dann brauchst du sie.
Wenn du gehofft hast, aber die Hoffnung davon geflogen ist -
dann brauchst du sie.
Wenn du am Ende deiner Weisheit angelangt bist -
dann brauchst du sie.

Sie begleitet dich und unterstützt dich.
Sie wird dich nie verlassen.
Solange du an sie glaubst.

Wo andere sich von dir entfernen -
die Zuversicht ist da,
wenn du bei dir bleibst.
Wenn du gescheitert bist -
die Zuversicht ist da,
wenn du von vorne beginnst.

Du musst zuversichtlich sein -
egal wo du bist,
egal was du tust.

Die Zuversicht wird bei dir bleiben,
solange du an sie glaubst.

Petra Schneider

Zwei Sprachen

Mit dem Erdbeerduft
verflogen
sind die Schmetterlinge
die ich einen Moment lang
in meinen Händen barg
einmal mehr
verloren
an zu viele zu wenig Wörter
redeten wir
in zwei Sprachen
auf der Suche
nach Glück

Anja Hübel

Danksagung

Wir bedanken uns bei allen, die an der Umsetzung und der Verwirklichung des Esslinger Lyrikpreises mitgewirkt und uns unterstützt haben:

- bei den Autorinnen und Autoren.
- bei den Unterstützern
  Hans Ulrich von der Steindruckerei Ulrich für die Urkunden.
  Der Stadtbücherei Esslingen für den Kutschersaal.
  Der Buchhandlung Provinzbuch für die Unterstützung bei der Preisverleihung.
  Der Presse für die Öffentlichkeitsarbeit.

Insbesondere bedanken wir uns bei der ehrenamtlichen Jury, die bereit war, in ihrer Freizeit die Gedichte zu lesen, zu bewerten und eine kompetente Entscheidung fällte.

Dr. Ulrich Stolte
Journalist und Literaturwissenschaftler

Ingeborg Santor
Lektorin, Schriftstellerin, Mitglied im VS

Jutta Weber-Bock und Wolfgang Haenle
Schriftstellerehepaar, Lektoren, Mitglieder im VS

Andreas Roos
Poet, Literaturwissenschaftler und Veranstalter von „Rosen's Lyrik-Salon" www.kulturamrande.de

	Angelika Hentschel
Ben Berg	Karin Genitheim
Civitas Imperii Verlag	Kunstakademie Esslingen

Bisher in der Kunst- und Lyrikreihe erschienen:

HAIKO RÖDER
„HEITERES UND IRONISCHES"
ISBN 978-3-939300-13-7

VK 12,- Eur[D]/12,40 Eur[A] inkl. MwSt.

Heiter und humoristisch, aber auch zum Nachdenken anregend dichtet Haiko Röder sich durch unseren Alltag. Mit einem Augenzwinkern beleuchtet er scheinbar Bekanntes und gibt ihm immer wieder eine überraschende Wendung.

JUTTA-VERENA JACOBI
„ZEIT ZU STAUNEN"
ISBN 978-3-939300-10-6

12,- € [D]/12,40 [A] inkl. MwSt.

Das Staunen über die Natur gehört zu Jutta-Verena Jacobi wie ihr Charme und ihre Offenheit. In „Zeit zu staunen" führt sie uns eindrucksvoll vor, wie wenige Worte genügen können das Wesentliche zu erfassen.

GERTRUD LUICK-CONRAD
„LEBENSLINIEN"
ISBN 978-3-939300-12-0

VK 18,- Eur[D]/18,50 Eur[A] inkl. MwSt.

Neben bekannten Aquarellen und Zeichnungen enthält der Band bisher noch nicht veröffentlichte Gedichte der Esslinger Malerin und Dichterin Gertrud Luick-Conrad.

CARL CAIRO CRAMER
„DORN OHNE ALPHA UND OMEGA"
ISBN 978-3-939300-11-3

25,- € [D]/25,70 [A] inkl. MwSt.

Eine sprachliche Meisterleistung. Das Alphabet von A bis Z in Gedichtform. Für jeden Buchstaben ein Gedicht und jedes Wort des Gedichts fängt mit dem jeweiligen Buchstaben an.

ANGELIKA HENTSCHEL
„UNERHÖRTE ZEITEN"
ISBN 978-3-939300-08-3
VK 20,- Eur[D]/20,60 Eur[A] inkl. MwSt.
Angelika Hentschel bannt in ihre Gedichte und ihre Bilder den Fluss der Natur und Zeit wie niemand anderes.

CARL CAIRO CRAMER
„POLDERAMUS"
ISBN 978-3-939300-00-7
40,- € [D]/41,20 [A] inkl. MwSt.
Ein lyrischer und bildhafter Genuss in fünf Gängen. Sprachliche Kunstwerke auf höchstem Niveau gepaart mit den Bildern von CCC. Stecken Sie das Buch nicht in eine Schublade, da kommt es nicht her.

ERNA URBAN
„JAHR UND TAG"
ISBN 978-3-939300-06-9
VK 20,- Eur[D]/20,60 Eur[A] inkl. MwSt.
Manchmal nachdenklich und melancholisch, manchmal heiter und beschwingt betrachtet Erna Urban die Welt und die Menschen um sie herum auf ihre eigene lyrische Art und Weise.

ANGELIKA HENTSCHEL
„ZWISCHEN DEM JETZT"
ISBN 978-3-939300-04-5
VK 14,95 Eur[D]/15,40 Eur[A] inkl.MwSt.
Angelika Hentschel entführt uns mit ihren Gedichten und Bildern nicht nur in eine Zeit, die zwischen dem Jetzt liegt. Sie führt uns auch in Gefilde in uns, die zwischen unseren bewussten Wahrnehmungen liegen.

Jungen oder unbekannten Autoren den ersten Schritt auf dem Buchmarkt zu ermöglichen, ist das oberste Ziel unseres Verlags.

Gemeinsam wird das Manuskript überarbeitet, lektoriert, korrigiert und zur Publizitätsreife gebracht.

Ob als reines Verlagsprodukt, gemanagtem Selbstverlag oder reiner Eigenproduktion der Autorin oder des Autors, wir finden immer einen Weg Ihr Werk auf den Markt zu bringen.

Auf unseren Internetseiten finden Sie die Vorgaben für die Manuskripteinreichung.

Senden Sie uns Ihr Exposé und Manuskript oder mailen Sie uns Ihre Anfrage einfach zu.

manuskript@civ-buch.de

Andere verlegen Ihr Manuskript,

wir verlegen Ihr Buch.

Civitas Imperii Verlag